Miguel de Cervantes Saavedra

La guarda cuidadosa

Barcelona **2024**
Linkgua-ediciones.com

Créditos

Título original: La guarda cuidadosa.

© 2024, Red ediciones S.L.

e-mail: info@Linkgua-ediciones.com

Diseño de cubierta: Michel Mallard.

ISBN rústica: 978-84-9816-376-6.
ISBN ebook: 978-84-9953-221-9.

Sumario

Brevísima presentación

La vida

Miguel de Cervantes Saavedra (Alcalá de Henares, 1547-Madrid, 1616). España.

Era hijo de un cirujano, Rodrigo Cervantes, y de Leonor de Cortina. Se sabe muy poco de su infancia y adolescencia. Aunque se ha confirmado que era el cuarto entre siete hermanos. Las primeras noticias que se tienen de Cervantes son de su etapa de estudiante, en Madrid.

A los veintidós años se fue a Italia, para acompañar al cardenal Acquaviva. En 1571 participó en la batalla de Lepanto, donde sufrió heridas en el pecho y la mano izquierda. Y aunque su brazo quedó inutilizado, combatió después en Corfú, Ambarino y Túnez.

En 1584 se casó con Catalina de Palacios, no fue un matrimonio afortunado. Tres años más tarde, en 1587, se trasladó a Sevilla y fue comisario de abastos. En esa ciudad sufrió cárcel varias veces por sus problemas económicos y hacia 1603 o 1604 se fue a Valladolid, allí también fue a prisión, esta vez acusado de un asesinato. Desde 1606, tras la publicación del Quijote, fue reconocido como un escritor famoso y vivió en Madrid.

La guarda cuidadosa es considerada una obra autobiográfica, siendo el Soldado el personaje que representa al autor juvenil e idealista. Sus alardes se contradicen con su ausencia de espíritu patriótico y su pretensión de recibir premios y recompensas por un ficticio servicio militar heroico y valeroso. Sus amenazas, ampulosas y exageradas, muestran su miedo, y son proferidas en circunstancias que garantizan la imposibilidad de un enfrentamiento. Su actitud recuerda a la de otros personajes de la literatura picaresca. Sus versos son ridículos y de escasa calidad. Mientras que la declaración del Soldado como poeta famoso, remite a Lope de Vega. Quien se alistó en el ejército por motivos personales y a su vuelta magnificó sus obras y hazañas. También se destaca su afán por pasar como caballero de clase social más elevada. Cervantes parece relatar los detalles más embarazosos de la fallidas relaciones amorosas de Lope de Vega. La actitud de Lope hacia sus amantes, publicada por él mismo, provocó las burlas de sus enemigos, y entre ellos de Cervantes.

Personajes

Soldado
Zapatero
Soldado
Amo
Cristina
Ella
Sacristán
Músico

La guarda cuidadosa

Soldado
Famoso, y agora lo verá; estéme atento. «Chinelas de mis entrañas, glosa.»

> Es Amor tan gran tirano,
> que, olvidado de la fe
> que le guardo siempre en vano,
> hoy, con la funda de un pie,
> da a mi esperanza de mano.
> Éstas son vuestras hazañas,
> fundas pequeñas y hurañas;
> que ya mi alma imagina
> que sois, por ser de Cristina,
> chinelas de mis entrañas.

Zapatero
A mí poco se me entiende de trovas; pero éstas me han sonado tan bien, que me parecen de Lope, como lo son todas las cosas que son o parecen buenas.

Soldado
Pues, señor, ya que no lleva remedio de fiarme estas chinelas, que no fuera mucho, y más sobre tan «dulces prendas, por mi mal halladas», llévelo, a lo menos, de que vuesa merced me las guarde hasta desde aquí a dos días, que yo vaya por ellas; y por ahora, digo, por esta vez, el señor zapatero no ha de ver ni hablar a Cristina.

Zapatero
Yo haré lo que me manda el señor soldado, porque se me trasluce de qué pies cojea, que son dos: el de la necesidad y el de los celos.

Soldado
Ése no es ingenio de zapatero, sino de colegial tri-lingüe.

Zapatero	¡Oh, celos, celos, cuán mejor os llamaran duelos, duelos!

[Vase] el Zapatero.

Soldado	No, sino no seáis guarda, y guarda cuidadosa, y veréis cómo se os entran mosquitos en la cueva donde está el licor de vuestro contento. Pero, ¿qué voz es ésta? Sin duda es la de mi Cristina, que se desenfada cantando, cuando barre o friega.

Suenan dentro platos, como que friegan, y cantan:

> Sacristán de mi vida,
> tenme por tuya,
> y, fiado en mi fe,
> canta alleluya.

Soldado	¡Oídos que tal oyen! Sin duda el sacristán debe de ser el brinco de su alma. ¡Oh platera, la más limpia que tiene, tuvo o tendrá el calendario de las fregonas! ¿Por qué, así como limpias esa loza talaveril que traes entre las manos, y la vuelves en bruñida y tersa plata, no limpias esa alma de pensamientos bajos y sotasacristaniles?

(Entra el amo de Cristina.)

Amo	Galán, ¿qué quiere o qué busca a esta puerta?
Soldado	Quiero más de lo que sería bueno, y busco lo que no hallo; pero, ¿quién es vuesa merced que me lo pregunta?

Amo	Soy el dueño desta casa.
Soldado	¿El amo de Cristinica?
Amo	El mismo.
Soldado	Pues lléguese vuesa merced a esta parte, y tome este envoltorio de papeles; y advierta que ahí dentro van las informaciones de mis servicios, con veinte y dos fees de veinte y dos generales, debajo de cuyos estandartes he servido, amén de otras treinta y cuatro de otros tantos maestres de campo, que se han dignado de honrarme con ellas.
Amo	Pues no ha habido, a lo que yo alcanzo, tantos generales ni maestres de campo de infantería española de cien años a esta parte.
Soldado	Vuesa merced es hombre pacífico, y no está obligado a entendérsele mucho de las cosas de la guerra; pase los ojos por esos papeles, y verá en ellos, unos sobre otros, todos los generales y maestres de campo que he dicho.
Amo	Yo los doy por pasados y vistos; pero, ¿de qué sirve darme cuenta desto?
Soldado	De que hallará vuesa merced por ellos ser posible ser verdad una que agora diré, y es que estoy consultado en uno de tres castillos y plazas, que están vacas en el reino de Nápoles; conviene a saber: Gaeta, Barleta y Rijobes.

Amo	Hasta agora, ninguna cosa me importa a mí estas relaciones que vuesa merced me da.
Soldado	Pues, yo sé que le han de importar, siendo Dios servido.
Amo	¿En qué manera?
Soldado	En que, por fuerza, si no se cae el cielo, tengo de salir proveído en una destas plazas, y quiero casarme agora con Cristinica; y, siendo yo su marido, puede vuesa merced hacer de mi persona y de mi mucha hacienda como de cosa propria; que no tengo de mostrarme desagradecido a la crianza que vuesa merced ha hecho a mi querida y amada consorte.
Amo	Vuesa merced lo ha de los cascos más que de otra parte.
Soldado	Pues, ¿sabe cuánto le va, señor dulce? Que me la ha de entregar luego luego, o no ha de atravesar los umbrales de su casa.
Amo	¿Hay tal disparate? ¿Y quién ha de ser bastante para quitarme que no entre en mi casa?

(Vuelve el sotasacristán Pasillas, armado con un tapador de tinaja y una espada muy mohosa; viene con él otro sacristán, [Grajales] con un morrión y una vara o palo, atado a él un rabo de zorra.)

Sacristán	¡Ea, amigo Grajales, que éste es el turbador de mi sosiego!

Grajales	No me pesa sino que traigo las armas endebles y algo tiernas; que ya le hubiera despachado al otro mundo a toda diligencia.
Amo	¡Ténganse, gentiles hombres! ¿Qué desmán y qué acecinamiento es éste?
Soldado	¡Ladrones! ¿A traición y en cuadrilla? Sacristanes falsos, voto a tal que os tengo de horadar, aunque tengáis más órdenes que un ceremonial. Cobarde, ¿a mí con rabo de zorra? ¿Es notarme de borracho, o piensas que estás quitando el polvo a alguna imagen de bulto?
Grajales	No pienso sino que estoy ojeando los mosquitos de una tinaja de vino.

(A la ventana Cristina y su ama.)

Cristina	¡Señora, señora, que matan a mi señor! Más de dos mil espadas están sobre él, que relumbran que me quitan la vista.
Ella	Dices verdad, hija mía; ¡Dios sea con él! ¡Santa Zrsola, con las once mil vírgenes, sea en su guarda! Ven, Cristina, y bajemos a socorrerle como mejor pudiéremos.
Amo	Por vida de vuesas mercedes, caballeros, que se tengan, y miren que no es bien usar de superchería con nadie.
Soldado	¡Tente, rabo, y tente, tapadorcillo; no acabéis de despertar mi cólera, que, si la acabo de despertar, os

13

	mataré, y os comeré, y os arrojaré por la puerta falsa dos leguas más allá del infierno!
Amo	¡Ténganse, digo; si no, por Dios que me descomponga de modo que pese a alguno!
Soldado	Por mí, tenido soy; que te tengo respeto, por la imagen que tienes en tu casa.
Sacristán	Pues, aunque esa imagen haga milagros, no os ha de valer esta vez.
Soldado	¿Han visto la desvergüenza deste bellaco, que me viene a hacer cocos con un rabo de zorra, no habiéndome espantado ni atemorizado tiros mayores que el de Dio, que está en Lisboa?

([Salen] Cristina y su señora.)

Ella	¡Ay, marido mío! ¿Estáis, por desgracia, herido, bien de mi alma?
Cristina	¡Ay desdichada de mí! Por el siglo de mi padre, que son los de la pendencia mi sacristán y mi soldado.
Soldado	Aun bien que voy a la parte con el sacristán; que también dijo: «mi soldado».
Amo	No estoy herido, señora, pero sabed que toda esta pendencia es por Cristinica.
Ella	¿Cómo por Cristinica?

14

Amo	A lo que yo entiendo, estos galanes andan celosos por ella.
Ella	Y ¿es esto verdad, muchacha?
Cristina	Sí, señora.
Ella	¡Mirad con qué poca vergüenza lo dices! Y ¿hate deshonrado alguno dellos?
Cristina	Sí, señora.
Ella	¿Cuál?
Cristina	El sacristán me deshonró el otro día, cuando fui al Rastro.
Ella	¿Cuántas veces os he dicho yo, señor, que no saliese esta muchacha fuera de casa; que ya era grande, y no convenía apartarla de nuestra vista? ¿Qué dirá ahora su padre, que nos la entregó limpia de polvo y de paja? Y ¿dónde te llevó, traidora, para deshonrarte?
Cristina	A ninguna parte, sino allí, en mitad de la calle.
Ella	¿Cómo en mitad de la calle?
Cristina	Allí, en mitad de la calle de Toledo, a vista de Dios y de todo el mundo, me llamó de sucia y de deshonesta, de poca vergüenza y menos miramiento, y otros muchos baldones deste jaez; y todo por estar celoso de aquel soldado.

Amo	Luego, ¿no ha pasado otra cosa entre ti ni él, sino esa deshonra que en la calle te hizo?
Cristina	No, por cierto, porque luego se le pasa la cólera.
Ella	El alma se me ha vuelto al cuerpo, que le tenía ya casi desamparado.
Cristina	Y más, que todo cuanto me dijo fue confiado en esta cédula que me ha dado de ser mi esposo, que la tengo guardada como oro en paño.
Amo	Muestra, veamos.
Ella	Leedla alto, marido.
Amo	Así dice: «Digo yo, Lorenzo Pasillas, sotasacristán desta parroquia, que quiero bien, y muy bien, a la señora Cristina de Parraces; y en fee desta verdad, le di ésta, firmada de mi nombre, fecha en Madrid, en el cimenterio de San Andrés, a seis de mayo deste presente año de mil y seiscientos y once. Testigos: mi corazón, mi entendimiento, mi voluntad y mi memoria. Lorenzo Pasillas». ¡Gentil manera de cédula de matrimonio!
Sacristán	Debajo de decir que la quiero bien, se incluye todo aquello que ella quisiere que yo haga por ella; porque, quien da la voluntad, lo da todo.
Amo	Luego, si ella quisiese, ¿bien os casaríades con ella?
Sacristán	De boníssima gana, aunque perdiese la espectativa de tres mil maravedís de renta que ha de fundar agora

sobre mi cabeza una agüela mía, según me han escrito de mi tierra.

Soldado   Si voluntades se toman en cuenta, treinta y nueve días hace hoy que, al entrar de la Puente Segoviana, di yo a Cristina la mía, con todos los anejos a mis tres potencias; y, si ella quisiere ser mi esposa, algo irá a decir de ser castellano de un famoso castillo, a un sacristán no entero, sino medio, y aun de la mitad le debe de faltar algo.

Amo   ¿Tienes deseo de casarte, Cristinica?

Cristina   Sí tengo.

Amo   Pues escoge, destos dos que se te ofrecen, el que más te agradare.

Cristina   Tengo vergüenza.

Ella   No la tengas; porque el comer y el casar ha de ser a gusto proprio, y no a voluntad ajena.

Cristina   Vuesas mercedes, que me han criado, me darán marido como me convenga; aunque todavía quisiera escoger.

Soldado   Niña, échame el ojo; mira mi garbo; soldado soy, castellano pienso ser; brío tengo de corazón; soy el más galán hombre del mundo; y, por el hilo deste vestidillo, podrás sacar el ovillo de mi gentileza.

Sacristán   Cristina, yo soy músico, aunque de campanas; para adornar una tumba y colgar una iglesia para fiestas solenes, ningún sacristán me puede llevar ventaja; y estos oficios bien los puedo ejercitar casado, y ganar de comer como un príncipe.

Amo	Ahora bien, muchacha, escoge de los dos el que te agrada; que yo gusto dello, y con esto pondrás paz entre dos tan fuertes competidores.
Soldado	Yo me allano.
Sacristán	Y yo me rindo.
Cristina	Pues escojo al sacristán.

(Han [salido] los Músicos.)

Amo	Pues llamen esos oficiales de mi vecino el barbero, para que con sus guitarras y voces nos entremos a celebrar el desposorio, cantando y bailando; y el señor soldado será mi convidado.
Soldado	Acepto: «Que, donde hay fuerza de hecho, se pierde cualquier derecho».
Músico	Pues hemos llegado a tiempo, éste será el estribillo de nuestra letra.

Cantan el estribillo

Soldado
    Siempre escogen las mujeres
aquello que vale menos,
porque excede su mal gusto
a cualquier merecimiento.
Ya no se estima el valor,

porque se estima el dinero,
pues un sacristán prefieren
a un roto soldado lego.
Mas no es mucho, que ¿quién vio
que fue su voto tan necio,
que a sagrado se acogiese,
que es de delincuentes puerto?
«Que a donde hay fuerza,
[se pierde cualquier derecho].»

Sacristán   Como es proprio de un soldado,
que es solo en los años viejo,
y se halla sin un cuarto
porque ha dejado su tercio,
imaginar que ser puede
pretendiente de Gaiferos,
conquistando por lo bravo
lo que yo por manso adquiero,
no me afrentan tus razones,
pues has perdido en el juego;
que siempre un picado tiene
licencia para hacer fieros.
Que a donde, hay fuerza,
[se pierde cualquier derecho].

([Vanse] cantando y bailando.)

Fin del entremés

Libros a la carta

A la carta es un servicio especializado para

empresas,

librerías,

bibliotecas,

editoriales

y centros de enseñanza;

y permite confeccionar libros que, por su formato y concepción, sirven a los propósitos más específicos de estas instituciones.

Las empresas nos encargan ediciones personalizadas para marketing editorial o para regalos institucionales. Y los interesados solicitan, a título personal, ediciones antiguas, o no disponibles en el mercado; y las acompañan con notas y comentarios críticos.

Las ediciones tienen como apoyo un libro de estilo con todo tipo de referencias sobre los criterios de tratamiento tipográfico aplicados a nuestros libros que puede ser consultado en Linkgua-ediciones.com .

Linkgua edita por encargo diferentes versiones de una misma obra con distintos tratamientos ortotipográficos (actualizaciones de carácter divulgativo de un clásico, o versiones estrictamente fieles a la edición original de referencia).

Este servicio de ediciones a la carta le permitirá, si usted se dedica a la enseñanza, tener una forma de hacer pública su interpretación de un texto y, sobre una versión digitalizada «base», usted podrá introducir interpretaciones del texto fuente. Es un tópico que los profesores denuncien en clase los desmanes de una edición, o vayan comentando errores de interpretación de un texto y esta es una solución útil a esa necesidad del mundo académico.

Asimismo publicamos de manera sistemática, en un mismo catálogo, tesis doctorales y actas de congresos académicos, que son distribuidas a través de nuestra Web.

El servicio de «libros a la carta» funciona de dos formas.

1. Tenemos un fondo de libros digitalizados que usted puede personalizar en tiradas de al menos cinco ejemplares. Estas personalizaciones pueden ser de todo tipo: añadir notas de clase para uso de un grupo de estudiantes,

introducir logos corporativos para uso con fines de marketing empresarial, etc. etc.

2. Buscamos libros descatalogados de otras editoriales y los reeditamos en tiradas cortas a petición de un cliente.

www.ingramcontent.com/pod-product-compliance
Lightning Source LLC
Chambersburg PA
CBHW020450030426
42337CB00014B/1493